I0704041

L'Amérique écrit
avec Le Messie Noir
Jésus Barack
Obama de L'Islam
et Le Mahdi Sonia
Amor de L'Islam.

Sonia Amor

Éditeur : BoD-Books on Demand, 12/14
rond point des Champs Élysées, 75008
Paris, France Impression : BoD-Books on

Demand, Norderstedt, Allemagne ISBN :
978-2-322-01975-5 Dépôt légal : juillet 2015

Washington a pour direction l'Est comme la direction de la priere La Mecque a' L'Est car Washington nous annonce dans nos coeurs la foi des croyants la liberte' l'humanite' la paix par la democratie americaine voix diplomatique de la paix par la valeure sociale et humanitaire du pouvoir du President Noir Americain Le Messie Noir Jesus Barack Obama de l'islam dirigeant le bien comme la direction de la priere le coeur bon et pieux par l'amour des pauvres et Le Mahdi Sonia Amor de l'islam car la plus part des gens on pris le sens faux de ce monde

par erreur de la matiere et c'est de Washington du pouvoir politique du Messie Noir Barack Obama que le pouvoir d'Allah a emplit la terre vers la direction de la priere La Mecque de Washington l'Est de l'Amerique le coeur de L'Amerique Washington qui est le coeur de la paix des peuples le coeur de la liberte' des peuples comme le coeur bon et pieux du Coran seule direction de la priere musulmane notre coeur de foi se trouve a' Washington le coeur de l'humanite' a' suivre de coeur et aimer le coeur de l'Amerique du President Noir Americain Le Messie Noir Barack Obama de l'islam le coeur de la paix des peuples et nations car celui qui saurat ou' est son coeur en Allah sera sauve' de l'incroyance celui qui saura ou' se trouve son coeur en Allah sera sauve' du mal et vivra du bien de sa foi sans hypocrisie ni incroyance car le coeur en Allah

est le coeur de l'Amerique
Washington a' defendre a' soutenir
a' sauver pour garder sa foi etre de
son coeur en Allah c'est suivre
Washington Le pouvoir Americain
qui porte Le Messie Noir Jesus
Barack Obama de l'islam pour
garder sa foi car toute opposition
est un manquement de foi
hypocrisie de foi et incroyance
donc il faut donner la victoire a'
L'Amerique pour garder sa foi de
croyant car le coeur en Allah est le
coeur de L'Amerique le pouvoir de
Washington la direction de la
priere le coeur de l'Humanite' des
valeures de liberte' des peuples le
coeur bon et pieux des croyants
vous serez sauve' de votre accord
politique en faveur de Washington.
Washington est la capitale de
L'Amerique capitale politique des

accords de paix inombrables des
Presidents Americains dans le
monde C'est la puissance mondiale
qui a prouve' les libertes des pays
par l'economie et le travail et
Washington a prouve' les libertes
des religions par la liberte des
femmes et Washington a prouve' la
liberte des peuples par les etudes et
Washington a prouve' la liberte' de
l'esprit par les medias et internet .
Washington a donne' les libertes
des pays par l'economie et le
travail par l'acces a' la
consomation aux besoins de la vie
aux besoins materiels et aux
besoins du confort et loisirs en
facilitant la vie par le
developpement economique avec
la globalisation et l'aide au
developpement et les accords
economiques entre pays pauvres et

Asie et Afrique et pays arabes et Europe et Amerique Latine qui a permis au monde de subvenir a' ses besoins de confort pour 7 milliards de personnes qui vivent de la globalisation et echanges commerciaux d'accord commerciaux permetant le travail et l'economie la liberte' des pays car les accords et echanges commerciaux sont garant de la paix a' L'ONU et Banque Mondiale et l'UNICEF .

Et Washington a libere' les religions avec la liberte' de la femme car la femme libere' represente la laicite' et des rapports de société' sans condamnation ni jugement ni exclusion c'est la femme libere' et independante qui a enleve' le poids de la religion austere qui fait que chacun et chacune peut pratiquer sa religion par la loi americaine de Washington dans le respect des autres par la liberte' de la femme et ses valeures de coeur .

Et Washington a prouve' les libertes des peuples par les etudes car les etudes sont l'acces a' la culture et au monde et au travail car un pays qui a des etudiants est developpe' car il accede a' la culture occidental qui lui ouvre les portes de l'investissement et developpement la culture occidental et les etudes sont le marche' du travail ouvert au monde c'est la possibilite' de développer les secteurs economiques qui s'ouvrent avec les etudiants americains .

Washington a donne' les libertes de l'esprit avec les medias et internet par la liberte' d'expression importante sur internet et medias et telephone en developant le systeme de communication international et a' distance qui a developpe' la culture et les libertes des peuples les revolutions arabes ont commence' sur internet les raiseaux sociaux qui a libere' des dictatures arabes et les medias et internet ont donne' l'ouverture sur le monde.

Chicago et ses buildings sont dit d'architecture de la ville la plus moderne qui est pareil sa modernite' a' Chicago aux montagnes hautes avec ses buildings comme une region de hautes montagnes on se retrouve a' Chicago comme dans les montagnes admirant les hauts sommets et le vallonement des

montagnes commes ses buildings
a' Chicago sa modernite' ressemble
a' ces anciennes regions
montagneuses comme sa
modernite' a' Chicago se confond
avec ses ancestrales montagnes qui
gardent le pays L'Amerique de ses
racines originelles de la creation
d'Allah comme sommets de
montagnes des sommets de
l'humanite' ses buildings a'
Chicago pour vivre et revivre de
l'economie dans toute L'Amerique
et le monde on dirait que
l'humanite' naquit de ses buildings
de croissance economique a'
Chicago depuis le monde moderne
comme l'humanite' naquit des
bergers des montagnes c'est ses
impressions spirituelles qu'il suffit
d'etre en bas du building comme
en haut du building a' Chicago car
en bas du building on est en haut
de la montagne mais en haut du

building on est en bas de la
montagne c'est le building une
montagne escarpee et des virages
a' 100 degres par la tension de la
finance mais L'Etat Americain la
politique americaine fait de ses
montagnes de buildings d'affaires
la stabilite' de la croissance
mondiale de ses routes a' virages
dangereux de la finance du haut de
ses buildings comme des sommets
de montagnes ou' il faut traverser
le perilleux et c'est la politique
americaine qui est le chemin de la
sagesse des montagnes cette
modernite' des buildings si
semblable aux montagnes du
courage aux montagnes de l'esprit
aux montagnes de la foi du monde
moderne qui ouvre ce monde aux
pauvres avec l'Etat Americain qui
a de la gerance sociale de ses
buildings d'affaires de nourrir
l'humanite' on dirait que L'Etat

Americain vient du ciel avec ses grattes ciel pour les pauvres avec L'Etat Americain.

Pour traverser l'Amerique de New York a' La Californie il faut passer par le pont de Brooklyn et traverser la Route 66 et les avenues de Manhattan et sans raison de ce monde boire un cafe' a' Brooklyn et manger dans le Bronx pour pouvoir parler de l'Amerique qui a besoin de nous et besoin de vivre ses Droits Sociaux et libertes pour le monde entier. a' WallStreat on court dans les rues pour ne pas etre en retard au bureau et au Bronx se sont les flics qui vous courent après car a' Wall Streat c'est la securite' financiere mais dans le Bronx et Queen's c'est la securite' anti-drogue une accoutumance a' la drogue dans le Bronx qui vient de l'accoutumance

a' l'argent de Wall Streat . Quand
les Noirs americains du Bronx et
de Brooklyn et du Queen's seront
bien dans leurs vie nous serons
tous bien dans notre vie car notre
vie son bonheur vient du pauvre
americain si le peuple representatif
du peuple les noirs americains du
Bronx et Queen's et Brooklyn sont
secourut de la vie dure si leur vie
est facilite' notre vie sera facilite'
dans le monde car la vie du pauvre
americain est aussi importante
dans les esprits de bien que la vie
des peuples dans l'humanite' nous
devons etre solidaire des noirs
americain pris dans l'engrenage de
la drogue et pris dans l'engrenage
du chomage nous devons prendre
un engagement de revolte contre
ce que l'on fait sur le peuple Noir
americain comme inegalite' raciale
aux USA en les condamnant aux
mains des mafias de la drogue

pour perdre leur vie dans la misere de la rue il faut se revolter contre cette inegalite' raciale qui plonge les Noirs americains dans la misere de la drogue pour les empecher d'acceder a' leurs vie sociale , familiale, personnelle par le danger de la drogue comme Martin Luther King contre les inegalites raciale qui empechait les Droits Civique des noirs americains ils ont fait la même chose enlever les droits sociaux des noirs americains avant par des lois après les années soixante quand ils ne pouvaient plus par les lois ils ont enleve' les droits sociaux des Noirs Americains par des mafias de drogue pour les opposer au systeme les noirs americains comme les lois avant les opposaient au systeme donc il faut se revolter pour redonner leurs droits sociaux aux Noirs

Americains c'est aussi important que les Droits Civiques des Noirs americains les Droits Sociaux des Noirs americains detruit par la drogue et ses cartels .

La Californie et Texas c'est L'Amerique a' la frontiere du Mexique et de Cuba c'est la frontiere americaine avec L'Amerique Latine le reve de l'eldorado des latinos americains c'est le monde libre de L'Amerique les USA aux frontieres du monde dur de Cuba et Mexique c'est Les USA L'Amerique une terre de migrants d'emigres au debut au 16 eme siecle c'était les migrants protestant d'Europe venu faire le Nouveau Monde puis au 18 eme siecle c'est les migrants d'Afrique Noire venu apporter la croissance economique de L'Amerique avec l'economie agricole du coton qui ont fait la richesse de L'Amerique Les Noirs Americains migrants et puis après au 20 eme siecle c'est l'imigration des migrants d'Amerique Latine les latinos fuyant la dictature de Cuba et la misere du Mexique et des autres pays arabes et Asie depuis le marche' mondial de la globalisation pour travailler et eudier aux USA la structure de la société' facilite le self made man la reussite dans les affaires et le commerce facilite' par l'Etat americain c'est le vecut des migrations en Amerique des migrants europeens aux migrants d'Afrique Noir aux migrants latinos et arabes et asiatique , de la' la culture americaine a defendu et cree les Droits de L'Homme et les libertes dans le monde par cette

richesse de migrants de toutes
nationalites de toutes religions de
tout continents on retrouve les cinq
continents en migrants aux USA
des memes valeures tous
americains et La Californie et
Texas avec la frontiere latino et
New York les noirs americains
sont ce brassage de migrants aux
USA noirs americains latinos
asiatique et europeen et arabes
.quand on est aux USA on
reconnait l'humanite' reunit en
Amerique a' New York des
migrations de tous les continents
de la terre car les USA sont
l'humanite assemble' a' l'ONU et
l'OTAN et les Droits de l'Homme
et les USA sont la paix de
l'humanite' et des libertes et La
Californie et Texas et New York
est la porte ouverte au monde c'est
par New York et la Californie et
Texas que les migrants du monde

entier entrent en Amerique par voie aerienne a' New York aeroport de New York et par voie terrestre la frontiere terestre la Californie et au Texas avec les USA et Amerique Latine c'est les deux points fort de passage de migrations en Amerique New York et La Californie et Texas.

Le Connecticut c'est la production d'armes de L'Amerique c'est l'armoirie des Etats Unies ce n'est plus des armees d'infanterie en bataille de cent ans mais des guerres eclairs aeriennes ce n'est plus des millions de morts dans des guerres mais des cibles bombarde' quelques victimes en centaines et non en millions de victimes depuis le 20eme siecle la technologie des armes a permis la performance dans le combat en limitant la duree de la guerre a'

5ans 10 ans et non 100 ans et de limiter le nombre de victimes ce n'est plus 1 millions de morts mais un chiffre de victimes limite' a' quelques mille c'est une avancee technologique des armes aeriennes et missiles et drones des plus belles pour la paix car la guerre n'est plus devastatrice en Irak 4000 victimes americains et Afghanistan 2000 victimes americains ce n'est plus 200 000 victimes au Viet Nam dut au manque de technologie des armes ni comme aux siecles passe' avec 1 millions d'indiens mort car L'Amerique avec sa recherche technologique en defense de l'humanite' a sut proteger le peuple americain et les peuples de la paix dans le monde par la defense et diplomatie il n'ya aujourd'hui que les pays arabes des dictatures du mal qui se battent et massacrent en mal .Le monde est sauve' par la defense Americaine performante qui preserve la vie humaine.

Le Massachusset a sa proximite' de New York la city d'Affaire et avec Harvard l'universite' prestigieuse ou' on etudie' toute l'elite politique americaine au Massachusset et Washington la capitale du pouvoir et et La Virginie l'Etat des agences du Gouvernement Americain et la defense CIA et Departement de la Defense et autres et Le Connecticut la region de l'armement et Le l'Etat du Delaweare un paradis fiscal de 60 pour cent des société americaine fortune' et classe' premier paradis fiscal au monde on ressent dans cette partie de L'Amerique les 6 Etats de la cote Est des Etats Unies accole' l'un a' l'autre sur la cote est c'est les points fondamentaux du pouvoir Washington Virginie New York Massachusset Connecticut et Delaweare se sont des raliements au pouvoir de washington de force du pouvoir c'est une region de force d'influence puissante pour l'Amerique et l'universite' de droit d'Harvard a' Boston sa science represente l'Etat de droit de la democratie americaine et des libertes on n'a pas fait meilleur dans les civilisations passe' pour etudier et appliquer le droit a' Harvard le droit provient des Livres Saints de la religion qui est le bien du peuple qui est la foi protectrice la democratie provient des valeures humaines les plus hautes qui sont les valeures des religions du bien le droit democratique decoule des Livres Saints sans austerite' car La democratie provient du droit qui n'est que la famille la société' les affaires et individus qui sont ses meilleurs sentiments de foi fraternels et de pardon qui nous reunissent tous et toutes dans la paix ce n'est que l'ordre materiel qui deroge a' la paix c'est donc le droit familial société affaires et individus que sa part materielle dans ce monde la repartition des biens materiels de chacun en société' firmes familles et individus sa part materielle de biens qui lui revient c'est le droit de ce monde qui desunit et desolidarise et dement la foi par les biens en division .

Manathan a fait pleurer les croyants du monde entier alors nous trouverons toujours la souffrance de l'humanite' a' Manhattan dans notre sentiment proche de la foi qui a perdu sa raison d'etre par le terorisme mais la foi des croyants a' Manathan aussi proche de Washington aussi proche de nos coeurs et aussi proche des croyants nous sauve du mal et nous rend la paix a' nos coeurs par Manhattan si proche de Washington le pouvoir de paix de foi et Manathan la souffrance de l'humanite' qui n'a pas perdu un proche de sa famille dans des accidents des maladies des guerres nous ressentiront a' Manathan notre sentiment humain le plus proche de la foi desespere' et esperance nos larmes verse' pour la misere de l'humanite' . Manhathan et Washington ont était si lie' par le sang qu'ils ne s'oublieront jamais pour tous les croyants du malheur et trahison pour la foi des croyants et Washington sera du ciel du coeur des croyants et non du ciel

en guerre a' Manathan mais
Manathan c'est ses buildings mais
aussi Central Parc de Manathan ses
deux facettes de vie urbaine et
verdure vegetale fait sa double
nature l'une ou' l'on se promene et
travaille et fait des affaires de
modernite' excessivement pris par
la dimension urbaine immense des
buldings en hauteur de ciel ou' tout
parait immense a' realiser par
l'emprise du ciel urbain et l'autre
nature verte de Central parc de
Manathan avec son emplitude de
plein ciel ouvert sur la verdure
d'un paradis de verdure a' ciel
ouvert le Central parc de Manathan
et d'un paradis des villes ou' le ciel
a' la dimension urbaine la plus
haute correspondant l'un l'autre des
grattes ciel de Manathan au ciel a'
plein ouvert de Central Parc de
Manathan c'est un paradis urbain et
verdure a' plein ciel a' Manathan .

Las Vegas avec ses casinos fait
perdre la notion materielle de
l'argent par des jeux en soirees ou'
l'argent et robes de soirees permet
de jouer son argent jusqu'a le
perdre car c'est le seul endroit le
casino ou' l'argent se perd en une
soiree avec de la joie et des rires
car finalement pour les americains
l'argent n'a pas de valeure et les
casinos a' Las Vegas le prouvent
que l'argent n'est pas valeure
humaine mais valeure de ce monde
il faudrait juste que l'argent perdus
au Casino soit reverse' aux pauvres
d'Amerique pour etre meilleure
qu'il n'est a' oublier son importance
au casino pour le perdre avec joie
cela demontre que L'Amerique et
les americains n'ont pas la valeure
materielle en eux par une soiree a'
Las Vegas au Casino qui fait

perdre sa paye et ses economies et sa fortune l'argent ne compte plus dans la vie et l'argent n'a aucune estimation dans les casinos de Las Vegas cela demontre le desinteret materiel de L'Amerique et des americains face a' l'argent une force spirituelle dans les americains a' abandonner toutes realites de l'argent pour s'amuser cela doit etre en L'Amerique une force de vie spirituelle dans les coeurs imaterielle ,Las Vegas a detruit la matiere en prouvant qu'on pouvait donner aux pauvres autant que l'on perd aux casinos avec l'islam de la joie spirituelle comme au casino.

Hawai est l'exotisme tropicale des iles les plus belle en Amerique c'est si passionant par l'histoire qu'un pays aussi vaste qu'un continent Les USA ait cette

superficie geographyque exotique
de L'ile d'Hawai par sa force de
pluralite des peuples comme de
pluralite' des Etats americains dans
l'Union et la même nation , chaque
grande nation a une ile tropicale
car Allah a cree la terre et la
sistonique des plaques terrestres a
fait avec les cultures et l'histoire le
partage geographyque par la nature
de la systonique des plaques et par
la systonique politique des peuples
le continent reconnut pour son
nombres d'iles est l'Asie dut au
climat et erosion et c'est
caracteristique de l'Asie et des
peuples Noirs les Antilles et a'
Hawai c'est les origines asiatique
et noir qui habitent cette ile car
c'est la particularite' d'Asie et des
Noirs de vivre sur une ile c'est
dans leurs habitudes de vie a'
l'Asie et les Noirs Aucun continent
n'a autant d'iles par centaines que

l'Asie qui s'est retrouve' les origines asiatiques peuple' Hawai .dans la culture moderne le symbole de l'ile est symbole de paradis et c'est toujours un lieu de reve a' voir les iles dans le monde Occidental les iles sont vivre comme une origine du paradis d'amour et d'eau fraiche c'est le symbole de l'amour une ile en Occident c'est tres touristique et du luxe c'est comme si sur une ile le bonheur était preserve' du stress de la vie moderne du stress de la vie urbaine comme si c'était un detachement de ce monde par le detachement de l'ile au continent et l'ile d'Hawai a la vegetation la plus florissante exotique c'est toujours la nature la plus belle c'est les seuls endroits au monde ou' dans tout le teritoire la nature des fleurs est exuberante et luxuriante et protege' car partout dans le monde la nature geographyque du pays ne peut pas fleurir naturellement a' toutes les saisons ni apparaitre dans les paysages car c'est seulement les iles qui ont la florrescence des fleurs des plus epoustoufflant dans le paysage naturel c'est les iles le paysage ou' les fleurs sont les plus belles et qui existent naturellement dans le paysage a' Hawai c'est les fleurs la beaute des iles qui est impossible ailleurs qu'artificiellement.

Seattle est l'une des plus grandes villes d'Amerique qui fait 7 heures d'avion pour rejoindre New York pour traverser Les USA il faut 7 heures d'avion je croit que la geographie n'est que le nombre d'heures de vol pour traverser un pays autant que pour rejoindre New York de L'Europe c'est comme traverser toute L'Amerique

7 heures de vol la geographie n'est plus si necessaire a' connaitre a' notre epoque se sont les villes avec l'urbanisme qui ont refaconnee le relief naturel qui n'apparait plus le relief naturel c'est les arteres des villes et les grandes avenues et les grattes ciel qui font le paysage urbain dans toute L'Amerique avec la particularite de chaque ville et les villes americaines sont immenses c'est des densites d'habitants de 3millions et demi pour Seattle et 8millions pour New York et 7 millions San Francisco et Los Angeles 4 millions d'habitants se sont des megapoles des cites aussi dense qu'un petit pays en une seule ville , la majorite' des americains 80 pour cent vivent en megapole, la notion humaine dans une megapole est le travail les affaires l'economie l'activite' la course de ce monde ce

n'est plus la tribu ni les voisins
mais les firmes les societes les
trusts et la vie tourne dans ces
megapoles sur la production le
rendement la consomation le profit
la performance la valeure humaine
depend dans les megapoles de la
firme et société ou' l'on travaille et
non du mari et non de la femme et
non de la famille tout est rapport
de performance financiere et
consomation dans ces megapoles
d'Ameriques depassant les 2
millions d'habitants qui sont
l'essort de l'activite' mondial et ses
faiblesses l'angoisse de la société'
moderne le chomage et la
recession qui sont les fissures de la
modernite' il n'ya pas de grandes
differences entre le systeme de
tribus ancien des villages anciens
car les megapoles sont des tribus
de la bourse de Wall Streat des
tribus de la rentabilite' des actions

mondiales en fait les megapoles
americaines rassemblent toutes les
tribus du monde de tous les pays
par la bourse americaine securite'
des nations .

Detroit ville de l'industrie
automobile americaine cela prouve
qu'une grande ville est forte par la
diversite' de ses activites
economiques Detroit c'est limite'
au secteur automobile c'était trop
facile de tout perdre pour la ville il
fallait multiplie' les secteurs
d'activite' pour ne jamais etre
affaiblit elle doit se revaloriser par
une autre force economique qu'il
faut développer Detroit c'est
retrouver dans un pays L'Amerique
suredeveloppe' dans une situation
Detroit de faillite ne pouvant pas
suivre L'Amerique son mentor
New York ne lui a pas trouve' de
sponsor a' Wall Streat c'est

Washington qui soutient Detroit
car New York avec La Bourse de
Wall Streat est le superlatif
financier du monde qui peut
abandonner les gens dans la rue et
peut abandonner les societes dans
la faillite mais Washington est le
superlativite' humaine du monde
qui prevoit et protege les peuples
de social mais Detroit s'est laisse'
tenir entre une seule main
l'automobile et c'est la multiplicite'
des activites qui est l'equilibre de
l'economie ce qui fait que la
bourse est trop limite' et injuste
limite' au profit et doit avoir un
objectif plus diversifie' pour ne pas
etre faible son objectif ne doit pas
etre seulement le reinvestissement
entre plus fortune' elle doit avoir
une part de developpement aux
pays pauvres et une part de
developpement des secteurs
pauvres et une part de solidarite

pas seulement fusion entre grosse société mais une fusion avec les activites moyennes car trop limite' au profit elle doit diversifie' ses objectifs de profits Wall Streat le profit est limite' aux grosses societes mais ces grosses societes doivent prendre avec elles le developpement economiques des petites et moyennes societes il doit y avoir une part de responsabilite' financiere et morale envers toute l'activite' economique des petites et moyennes societes soutenues pas seulement rester entre grosses société cela fait barrage a' l'economie.car diversifier les activites economiques c'est diversifier les objectifs de Wall Streat vers le developpement des petites et moyennes societes en Amerique.

Le Texas ont preserve' l'origine americaine ancestral des CowBoy des ranchs et chevaux c'est au Texas que la valeure conservatrice traditionelle americaine est la plus presente c'est la culture de l'origine de l'Homme americain le ranch et cowboy qui a perdure' malgres le modernisme et les modes cette valeure particuliere au Texas du conservatisme americain du modèle originel americain du ranch est reste' dans l'economie agricole et dans la particularite' du Texas c'est l'une des seules regions americaines qui a gardee ses coutumes de vie tout le pays les USA a suivit l'evolution moderne de l'economie et s'est perdu mais au Texas Le ranch a toujours sa place avec les cowboy alors que partout dans le monde il est tres rare de garder ses valeures ancestrale de vie c'est une

exception traditionelle americaine
Le Texas et le petrole du Texas a
enrichit la region et L'Amerique ce
qui explique que la' ou' il ya des
ressources de richesse d'energie le
conservatisme est important pour
proteger le pays il faut que la force
soit conservatrice pour empecher
toute ingerence dans les affaires
comme les pays arabes du golf du
petrole ils sont conservateurs
extremiste par protectionisme des
energies petroliere riches car ils
veulent echaper aux autres par le
conservatisme au Texas et
traditions et extremisme dans les
pays arabes.

Berverly Hills est la ville de
Hollywood du starsysteme qui a
fait la nouvelle forme de pensee
par l'image le cinema mais l'image
a un impact de ce monde materiel
car l'image forme de pensee

nouvelle avec Hollywood
s'exprime de l'apparence qui est
mensongere car la forme de pensee
de l'image est trop superficielle est
limitee a' la vue qui n'a pas assez
de réflexion pas assez de contenu
interieur c'est l'action non reflechit
car il manque le raisonnement son
plaisir est dut au mouvement
rapide de l'image de voir plein de
personnages en mouvement de
situation mais il n'ya pas le
mouvement de l'esprit c'est la
situation de l'esprit qui vaut non la
situation de la vie materielle c'est
au cinema que la richesse est
exprimee et c'est antagoniste a'
l'humanite' pauvre dans le monde
c'est une fausse prise de
conscience car l'idee du cinema a'
son debut est de faire rever jusqu'a'
enlever toute verite' de la vie
simple et ordinaire la plus facile a'
vivre la vie simple et ordinaire qui

n'est pas parcourut dans le cinema ni mentione' au cinema il ya la' un systeme voulant faire rever mais ne faisant que perdre sa vie ordinaire la plus spirituelle la vie simple et le starsysteme qui s'est installe' avec le cinema prouve que leurs vie superficielle aux stars est trop dure a' vivre en ruptures et scandales permanent leur vie est impossible a' vivre que par le scandale car la forme de pensee de l'image est le scandale et depravation et le luxe qui ne peut pas correspondre au croyant qui vit de serenite' et de paix et l'image est fatiguante pour l'esprit car l'image est sans inteligence le fonctionement de l'image est vide d'esprit il faut revenir a' la culture litteraire des livres pour retrouver ses esprits.

San Francisco prouve la culture
americaine de liberte' et c'est la
ville americaine après New York
c'est San Francisco pour connaitre
l'aboutissement de la culture
americaine de New York a' San
Francisco qui a donne' tout son
humanisme et humanitaire
politiquement et sociologiquement
par cet esprit de liberte' voulant
liberer tous les peuples de ses
jougs par des villes aussi libere'
San Francisco et New York qui
sont le noyau de cette liberte'
portant L'Amerique de sa valeure
essentielle et eternelle la liberte'
humaine car c'est la plus belle
forme du pardon et de l'amour
fraternel dans la religion de vivre
selon son coeur et le coeur de
l'humanite' la liberte' humaine si
forte en Amerique a' San Francisco
et New York on ressent les
communautes gays hyppies et

Chinatown a' San Francisco une emprise sur la vie qui enleve tout pe'che' de mauvais esprit car le plus grand mal est le mauvais esprit et le communautarisme de San Francisco est l'esprit libre humain d'aller vers son prochain de bon coeur car le peche' de l'Homme est son absence d'amour alors que les communautes de San Francisco nous ralie religieusement du pardon et de l'amour les uns aux autres fraternellement nous seront toujours protege' par l'Etat le Gouvernement tant que les libertes nous protegeront car le mal vient quand il n'ya plus de pardon, les religions dans leur esprit de foi symbolisent la liberte' par le pardon et l'amour cette force humaniste americaine qui est la religion en paix de la liberte' des peuples la paix de la religion .

La Californie represente les larges plages et le volley ball sur la plage et le soleil qui manque a' New York l'hiver , le soleil de La Californie a fait sa reputation americaine de plaisir de vivre americain de plage et soleil et de la particularite' physique de la minceur dut a' l'exposition sur les plages denudes qui oblige a' une tenue et donc physique du corps mince qui donne de l'eclat au pays L'Amerique La Californie qui n'a pas a' se debattre dans le systeme des affaires ni du stress mais reste toujours a' s'amuser avec l'impression d'etre toujours heureux jusqu'a' se demander les gens pourquoi ils seraient malheureux puisqu'il fait beau mais la vie sentimentale californienne est si mouvementee est si agitee que le bonheur reste improbable du soleil et de la mer et

des femmes minces sur les plages
qui serait comme des lunettes de
soleil pour ne pas etre eblouit par
ce monde d'exces de
californication qui doit detruire les
histoires sentimentales des coeurs
car je ne sait pas comment une
famille peut se retrouver sur la
plage en Californie a' cote' d'un
symbole si fort de la
californication cela doit etre
reserve' la Californie a' ce monde
pas aux familles cela doit donc etre
si facile d'y vivre pour s'amuser
mais en famille cela doit etre
contraignant de vivre sa vie
paisible de famille avec enfants a'
cote' de toute cette seduction des
plages cela doit peser sur les
femmes et hommes dans la
difficulte' de rester ensemble
autant qu'avec des enfants qu'avec
cette separation de deux monde
l'un de l'eclat brillant de ce monde

et l'autre la vie a' deux avec
enfants ces deux mondes doivent
se confronter au quotidien dans un
absolue du coeur cela doit
demander plus de comprehension
des hommes et femmes ou bien
choisir plus de liberte' des hommes
et femmes des gens en Californie
qui gagnent un monde et perdent
un monde.c'est une faiblesse
psychologique les moeurs qui
affaiblissent la nature humaine
mais le bonheur est toujours
aleatoire de ce monde par la
nervosite' psychologique du
trouble des sentiments et le
bonheur appartient au symbole du
coeur pour tout le monde.

Indianapolis c'est l'origine
amerindienne de L'Amerique les
vertues du peuple indien se sont
mele' aux vertues du peuple
americain la culture indienne ne

disparaitra jamais . Les indiens d'Amazonie montrent qu'ils refusent le monde moderne et se suffisent mais les indiens d'Amerique d'Arizona et du Nouveau Mexique prennent la civilisation moderne et reussissent a' notre epoque l'on ne se suffit pas de vivre des coutumes de vie ancestrale qu'exclut du monde personne ne peut vivre en autarcie avec ses coutumes il n'ya que les pays qui ont conserve' leurs coutumes qui sont pauvres et n'evoluent pas car la coutume refuse les etrangers c'est un barage au developpement car l'esprit est hostile aux autres l'epoque moderne demande d'aller vers les autres le partage et la communication les indiens d'Arizona et Nouveau Mexique montre qu'une culture ancienne peut etre moderne et devrait faire

des raliements avec les indiens
d'Amazonie pour revivre dans ce
monde la culture differente ne
permet pas le clivage des
civilisations ni le brassage des
civilisations nous devons meler
nos acquis de culture a' la
civilisation moderne car la
coutume est en conflit toujours
avec la generation nouvelle qui est
l'economie du pays cette
generation nouvelle qui doit
traverser le monde de l'economie
les indiens sont une source de
science spirituelle de savoir que la
vie est de vivre ensemble regroupe'
de la simplicite' de la vie que le
flux de vie vient du regroupement
des tribus indiennes et que
l'economie n'est qu'une affaire de
la nature d'Allah que tout se trouve
dans la foret dans la nature que le
plaisir de vivre est d'etre regroupe'
en tribus que la hutte en bois et la

nourriture et boissons de la foret
est les ressources de vie
essentielles qui ont des ressources
humaines de groupes qui est plus
vivant plus de plaisir a' vivre que
le stress du travail car 10 heures de
travail par jour et un repas et
dormir c'est pour cela que c'est une
société' de loisirs et plaisir de
weekend et vacances qui n'egalera
jamais pour les indiens la vie dans
la nature regroupe' en familles et
amis du plaisir de chaque jour la
vie indienne est le plaisir de vivre
simplement sans ce monde mais la
vie americaine est le mouvement
de l'agitation de la vie de ce monde
mais L'Amerique soutient par son
travail le monde entier de social et
humanitaire par l'activite'
economique dense ce qui donne
plus de valeur spirituelle au monde
moderne qui est d'objectif
humanitaire et social c'est une

civilisation moderne qui ouvre les portes aux pauvres mais la culture indienne se suffit a' elle même et notre epoque est de L'Amerique de rassembler l'humanite' d'ouverture economiques pour pouvoir vivre car la nature ne suffit plus a' 7 milliards de personnes pour se nourrir et vivre et se loger on a besoin d'organiser la société' pour 7 milliards de personnes sur terre .

L'Utah est l'Etat Americain qui est peuple' par les Mormons qui sont avec les indiens les deux generations d'ancetres ethnique de vie archaique d'Amerique les abhorigenes d'Amerique les Mormons et indiens d'Amerique cela montre que les USA a encore deux ethnie abhorigene a' une avancee aussi grande de la modernite' une contestation de la matiere qui a était manifeste' par le communautarisme des mormons depuis le 18eme siecle l'ere industrielle les a isole' par reprobation de ce monde et le communautarisme des indiens depuis l'origine de L'Amerique qui a isole' les indiens en Amazonie et reserves en Amerique par les armes la force des armes des americains et le communautarisme des années soixante des hyppies qui se sont isole' de la matiere a' San Francisco en dehors du systeme capitaliste ces communautes s'isolant du systeme capitaliste montre une incomprehension devant l'avancee humaine et technologique trop rapide de la production qui ne permet pas a' tort de voir la force humaine de l'humanite' des Gouvernants Americains qui accelerent l'economie et ces communautes indiennes et

mormons et hyppies s'opposent par
leur mode de vie archaique en
croyant que la matiere est le mal
mais la modernite' n'a pas que la
valeure materielle elle est la
valeure de vie de l'humanite'
l'economie car au niveau etatique
la productivite et consomation est
pour le social mais au niveau
capital l'erreur est l'outrance du
luxe et profits c'est ce desequilibre
entre le capital ne patageant pas
aux pauvres qui fait la protestation
des communautes indiennes et
mormons et hyppies mais la
religion veut de suivre le meilleur
pour les pauvres le social du
Gouvernement Americain par les
impots du profit et taxes il vaut
mieux regarder la consomation
d'un point de vue etatique la
redistribution du travail et social et
non le mal des riches profiteurs car
l'organisation de l'Etat Democrate

est parfaite pour le peuple
Americain et non le mal de la non
redistribution des profits des
capitalistes qui est contre la foi
donc les communautes mormons
indiennes et hyppies ont une partie
de la verite' mais pas toute la
verite' sur le monde moderne

Miami a sa facade de building sur
la plage de Miami Beach avec ses
baies vitrees sur la rive de l'ocean
bien plus que le regard des yeux
sur l'ocean c'est le regard des baies
vitrees sur l'ocean des buildings il
fallait un regard plus grand que
celui de l'Homme celui des baies
vitrees pour rendre cette
imensite'des oceans d'ou' venaient
les migrants noirs par bateaux
d'Afrique sur la terre d'Amerique
car avant les avions avant les

années 50 le seul moyen de venir en Amerique c'était par l'ocean par bateau de l'autre partie du monde donc la voix maritime était sacre' pour L'Amerique et l'on ressent ce cote' sacre' des oceans par les Etats de Californie et de Floride et de New York qui sont les trois facades maritimes de L'Amerique d'ou' leurs attraits de part le monde entier car ses facades de baies vitrees des buildings sur les trois rives oceaniques du continent New York Californie et Miami Beach sont un eblouissement de l'ocean qui n'existe pas ailleurs celui des siecles passe' qui a était le nouveau monde au 16eme siecle et l'arrivee de l'ocean du peuple migrants Noir Sacre' et depuis que les voies maritimes ne sont plus utilisees pour le voyage que l'avion a pris la place c'est les plages des oceans qui sont pris par les gens pour se

bronzer et se baigner ce n'est plus
traverser la mer en paquebot mais
rester sur le sable et se baigner
pour profiter de l'ocean les moeurs
et les loisirs ont change' avec les
plages des oceans plus de plaisir
de ce monde qu'en traversant la
mer en paquebot pour voir le
monde les gens on fait naufrage
sur les plages car les plages c'est
fait pour la meditation et reverie de
l'esprit et le corps fait naufrage sur
le sable la vie s'effrite comme le
sable s'effrite sans l'esprit .

Los Angeles est la porte doree de
L'Amerique La Californie
contrairement aux guethos du
Queen's de Brooklyn et du Bronx
car Los Angeles est La Californie
de la ruee vers l'or et represente le
luxe dore' de l'or de la Jet set
americaine il ya bibliquement et
religieusement deux poids deux

mesures injustes des guethos Noirs
et de Los Angeles c'est une affaire
de religion de rendre leur biens
aux Noirs dans le monde par le
bien de la religion Musulmane et
Chretienne du Messie Noir Jesus
Barack Obama de l'islam et Mahdi
Sonia Amor de l'islam Chretien et
Musulman nous deux pour
ramener la mesure dore' de l'or aux
Noirs et aux pauvres car Los
Angeles a ses anges les pauvres
dans la vie notre cote' angelique de
coeur est le pauvre en nous et les
pauvres a' aider il n'ya pas d'autres
anges dans la vie puisque nous
sommes a' Los Angeles c'est pour
parler des anges celui et celle qui
sera avec les pauvres aura les
anges avec lui cela ne sert a' rien
de depenser dans le luxe pour cette
vie facile ce n'est pas ce que
l'argent facilite mais ce que les
anges facilitent pour nous il est

sure que les anges sont au Bronx et au Queen's et Brooklyn et des quartiers pauvres d'Amerique et des Noirs Americains et non de la jet set de Los Angeles sans les anges. restons aupres des anges aupres des pauvres aupres des Noirs.

Le Delaweare est classe' premier paradis fiscal mensonge des impots des riches contre L'Etat Americain qui sont Hadith "les Representants d'Allah sont les Gouvernants" pour le social des pauvres et classes modestes c'est donc le paradis fiscal un mensonge materiel contre la foi des croyants les pauvres et Les Representants d'Allah les Gouvernants car les impots sont la liberte' des peuples bienfaits pour les peuples et le vrai paradis de foi de toutes les religions est les aumones aux pauvres les bienfaits pour aider les classes moyennes et les pauvres et humanitaire le paradis est le coeur pour les pauvres et non le mensonge ironique du paradis fiscal du Delaweare et autres endroits dans le monde qui suivent le faux des religions thesauriser les richesses en banque qui est la malediction et donc la durete de coeur car l'argent en profits doit revenir aux pauvres si non la foi ne peut pas vivre car le paradis est Hadith :"Allah contient le coeur bon et pieux " et non l'accumulation des richesses donc pour aller au paradis il faut rendre l'argent aux impots et aux pauvres les profits et non echapper aux taxes car c'est echapper au paradis car Hadith " Le paradis est remplit a' majorite' de pauvres." Le vrai

paradis est les impots et profits
pour les pauvres il faut suivre le
pouvoir Democrate de
Washington.

La ville de Philadelphie developpe
les arts et l'edition elle montre
comment L'Amerique a quite'
l'industriel pour les services et
technologie aussi importante par
les services et technologies ce qui
montre la transformation de la
société americaine en 70 une
nouvelle ere technologique et
services et commerces le travail est
passe' de l'usine la fabrication de
l'objet au services l'humain
sociologiquement cela prouve la
valeure de l'economie americaine
tres humaine avec les services et
commerces et technologie la
valeure facilite' de la vie et du

travail qui accelere le mouvement de la vie l'acceleration du rythme de vie par les services technologiques et humains donne un symbole de la société qui a develope' la nature humaine et depasse' la société industrielle qui developpait l'objet par la production maintenant c'est l'economie base' sur le developpement de la nature humaine et de l'humain qui se perfectionne l'Homme d'organisation de services et technologie d'economie il devient d'une vie de société' et travail programme' minutieux perfectione' performances qui le propulse mondialement dans l'economie ce n'est plus la quantite industrielle mais la qualite' humaine des services et performances technologique humaines on est passe' de la mesure quantitative a' la mesure qualitative humaine dans l'economie Americaine dans le travail c'est une avancee fabuleuse de la science en Amerique et spirituelle c'est la civilisation americaine qui a facilite' la vie humaine et de l'humanite' par sa science d'avancee et son economie mondialiste et sa culture multiculturelle et sa religion de tolerance a fait que ce n'est plus le monde plus grand que l'etre humain mais qui a fait l'humain et la nature humaine plus grand que ce monde avec la mesure qualitative de l'economie et non la mesure quantitative industrielle .

Le New Jersey est la banlieue de New York ils ont New en commun car L'Amerique est le New World le nouveau monde et symbolise par

sa banlieu New Jersey et city
d'affaire New York le New world
la nouvelle vie et nouvelle
economie et nouvelle civilisation
et nouveau jour et nouvelle mode
et nouveau temps et nouveau
changement et new world new life
new economy new day new
civilisation new time New York et
New Jersey c'est l'evolution du
monde dans l'humanite' et non la
revolution dans le pays les
americains ont choisit de vivre
politiquement par l'evolution du
peuple et l'evolution de la science
et l'evolution de l'esprit et
l'evolution du monde et l'evolution
de l'economie et l'evolution
politique par evolution ils vivent
l'elevation et non par revolution
qui oppose en permanence comme
ailleurs en Europe et dans le
monde car L'Amerique n'a jamais
eut besoin de revolution elle est

l'evolution des droits et l'evolution
de la paix et l'evolution mondiale
et l'evolution moderne et
technologique de la vie et des
Hommes et l'evolution des femmes
et l'evolution des esprits et
l'elevation de la religion la
tolerance car L'Amerique vit et
avance des evolutions des valeures
humaines sans besoin de
revolution dans son pays car les
americains sont americains et sont
aussi toute l'humanite' par
l'economie et la paix dans le
monde qui fait evoluer le monde et
comme c'est bien de savoir que
nous evoluons sans se revolter car
la democratie americaine est
l'evolution des libertes humaines et
individuelles et de société nous
sommes aux Etats Unies dans
l'evolution permanente et evolution
continuelle et evolution active car
la caracteristique americaine de

l'evolutif est de prendre toujours le
meilleur sans le mal et d'avancer
avec evidence et l'esprit est dans
l'avancee et la sphere du peuple
americain et la sphere de
l'humanite' et la sphere de L'Etat
americain evoluent ensemble et
unit c'est un fait spirituel
l'evolution et les evolutions
caracteristique de L'Amerique sans
opposition sans heurts dans la
paix.

L'0hio est L'Etat le troisieme plus
riche D'Amerique qui s'assure le
pouvoir republicain comme
condition d'entree des republicains
a' la presidence cela prouve encore
que le conservatisme materiel des
richesses des Etats riches sont
republicains le petrole dans L'Ohio
qui protege ses ressources
materielles par le conservatisme
comme Le Texas comme les pays

arabes conservateurs a' cause des
ressources du petrole materielles il
ya un mode de pensee des
richesses et du pouvoir et du
monde l'un les energies du petrole
regional et l'autre les affaires de la
finance mondiale c'est une
question territoriale du monde les
affaires de richesses financieres
font l'instabilite' du monde mais
les affaires de richesses capitalistes
d'energie regionale font la stabilite'
du pays et la force democratique
de L'Amerique est son energie
etatique nucleaire qui stabilise les
forces oppose' du monde des
affaires et finance qui cherchent un
domination materiel injuste sur le
monde autre que la paix de L'Etat
et que la paix des Pays et L'Etat
Democrate facilite au peuple
americain car pour les Democrates
la fluctuation financiere doit passer
par la fluctuation du peuple

americain et la fluctuation des peuples et pour l'argent pour le peuple mais les republicains sont pour l'argent en banque il ne faut pas que le pouvoir des banques soit plus important que l'argent des impots car la Democratie de L'Etat Americain qui garanti le Droit et libertes et valeures par les banques et les impots qui ne doivent pas diviser le monde car les banques sont l'impitoyable des dettes mais les impots sont la compassion par le social donc L'Etat Democrate doit territorialiser le capital des banques qui est instable par son siege social du pays qui est aleatoire donc la finance et les banques doivent etre territorialise' en Amerique pour etre des forces financieres sures de L'Etat en les territorialisant en Amerique pour la stabilite' et la paix du monde comme les forces energetiques du

petrole sont territorialise' par pays
il faut donc territorialiser les forces
fincieres du pays avec un siege
social des banques qui est les Etats
Unies D'Amerique fixe sans
deplacement car on ne deplace pas
les forces materiels du monde car
un pays doit territorialiser ses
forces economiques .car un pays
doit territorialiser ses forces
economiques comme les forces
energetiques sont du territoire de
chaque pays .

L'Etat de L'Illinois a elut Le
Premier President Noir Americain
Senateur de L'Illlinois Democrate
Le Messie Noir Jesus Barack
Obama de l'islam de sa force de
metissage Noir du peuple
americain dans L'Illinois car c'est
la culture la force civilisationelle
actuelle et la culture americaine
vient des cultures differentes

ethniques c'est l'humanite' sa force
culturelle qui fait son eclat dans le
monde et les cultures differentes
d'un pays font sa place dans le
monde dans les esprit c'est l'esprit
des cultures qui est la richesse du
pays et le monde aujourd'hui est sa
culture a' echelle mondiale ce qui
fait Sa force humaine et la force de
l'humanite' c'est la culture riche
d'un pays et sa diversite' culturelle
comme les valeures culturelles de
l'humanite' sont l'universalite' de
L'Amerique avec Le Premier
President Noir Americain Le
Messie Noir Jesus Barack Obama
de l'islam c'est l'universalite' du
monde et l'universalite' de la
religion en Amerique et
l'universalite' culturelle de
L'Amerique et l'Universalite'
humaine de l'Amerique a' travers
l'humanite' c'est Le President Noir
Americain Barack Obama

l'universalite' de la foi des croyants et l'universalite' des valeures de paix d'amour de coeur fraternelles spirituelles se developant avec la culture americaine et les cultures du monde reunit dans le metissage Noir du President Noir et Messie Barack Obama universalite' de foi dans le monde bien plus que la culture d'un pays l'election du President Noir Barack Obama est l'universalite' spirituelle des croyants avec Le Mahdi Sonia Amor de l'islam par l'univers interieur de l'esprit force de vie et non ce monde prouvant l'existence de l'univers interieur spirituel de l'Homme et non le faux de ce monde et est apparut par l'univers d'Allah interieur de l'esprit et du coeur la vie fondamentale de la generosite humaine et c'est avec Le Messie Noir Barack Obama et Mahdi Sonia Amor de l'islam qu'est revele' depassant par la culture metisse' ensemble de nous deux en Amerique c'est l'universalite' de chacun sa vie interieur univers d'Allah et non son petit monde.

Le Dakota du Nord est d'activite agricole et gaz de schiste chaque pays doit avoir sa region agricole sa richesse agricole l'on ne peut pas vivre que d'industrie et de technologie et commerces et services car sans une region agricole aucun pays ne subsiste a' ses besoins la richesse agricole est force primordiale et force vivante vitale du pays car avant de pouvoir vivre de ses envies de consomation il faut avant pouvoir se nourrir car les megapoles sont la consomation et la finance et la technologie mais

rien de tout cela ne fonctionne sans
une economie agricole et
energetique d'ailleurs a' travers
l'origine de l'humanite les besoins
n'était au debut que de se nourrir
puis après l'ere de la prehistoire les
besoins etaient de se loger et
s'habiller puis au debut de l'ere
chretienne jusqu'au 21 eme siecle
les besoins ont etaient selon la
diversite des classes sociales avec
la multiplication des besoins de la
vie qui a fait l'evolution des
civilisations de l'ere chretienne a'
aujourd'hui les civilisations de
chaque siecle a produit des besoins
qui a produit des emplois qui a
develope' le commerce et
developpe' l'humanite par ses
besoins multiples et divers qui
n'était au debut que se nourrir et
posseder une maison aujourd'hui
c'est voyager les loisirs la le
confort technologie les medias les

etudes et les distractions la voiture
la beaute la multplication des
besoins a fait la multiplication des
emploies et multiplication des
richesses la chaine de la
consomation fait la chaine de la
production qui fait la chaine des
emploies qui fait la chaine de la
croissance mondiale qui fait la
puissance d'un pays son commerce
auquels s'ajoutent se nourrir et se
loger les besoins primordiaux n'ont
plus de valeure de necessite en
Amerique c'est un besoin de
consomation qui se determine par
la restauration en besoins et non en
nourriture qui est l'economie
agricole secteurise' par regions car
la chaine de refroidissement laisse
un territoire agricole et le reste du
pays de besoins moderne de
commerce car la modernite
urbaine ne provient que du
commerce donc l'emploie et la

croissance d'un pays vient de la consomation et des services mais la vie humaine d'un peuple vient de l'agriculture du Dakota du Nord en Amerique du ble c'est les fleuves et rivieres dans le monde entier qui ont fait les plus grandes puissances par la prosperite agricole on ne pourat pas depasser la prosperite agricole pour vivre car le besoin primordiale de se nourrir est la force humaine et la force de l'humanite' avant la finance et avant l'industrie donc le Dakota du nord est une force promordiale americaine et non une region oubliee.

www.ingramcontent.com/pod-product-compliance
Lightning Source LLC
Chambersburg PA
CBHW031326250726

48656CB00005B/1992